KB075655

N 잡러의 수익형 블로그 만들기 노하우

네이버 블로그로 돈 버는 법

네이버 블로그로 돈 버는 법

발 행 | 2022년 05월 12일
저 자 | 마주현 (노마드엠제이)
펴낸이 | 한건희
펴낸곳 | 주식회사 부크크
출판사등록 | 2014.07.15 (제2014-16호)
주 소 | 서울특별시 금천구 가산디지털1로 119 SK트윈타워 A동 305호
전 화 | 1670-8316
이메일 | info@bookk.co.kr

ISBN | 979-11-372-8255-1

N잡러의 수익형 블로그 만들기 노하우

네이버 블로그로 돈 버는 법

마주현 지음

목 차

지은이의 말

Chapter 1 | 누구나 돈 버는 블로그

Section 1. 블로그 지수는 어떻게 나눠지는가?

Section 2. 내 블로그의 현황을 파악하는 방법
　　　　　① 준최적화 블로그 확인하는 방법 #1
　　　　　② 준최적화 블로그 확인하는 방법 #2

Section 3. 블로그 첫걸음을 위한 기본 세팅 리스트
　　　　　① 지수 누적을 위한 최적의 주제 개수?
　　　　　② 주제를 자주 바꿔도 괜찮을까?
　　　　　③ 가독성을 높이는 가장 쉬운 방법
　　　　　④ 같은 방문자로 체류시간 확 늘리기
　　　　　⑤ 같은 방문자로 페이지 뷰 확 늘리기

Chapter 2 | 블로그로 돈 벌기 실전 노하우

Section 1. 읽히는 포스팅을 위한 필수 요소
　　　　　① 제목을 정하는 테크트리
　　　　　② 사진과 글 효과적으로 작성하기

Section 2. 키워드를 발굴하는 방법
　　　　　① 키워드 발굴 무료 툴 #1
　　　　　② 키워드 발굴 무료 툴 #2
　　　　　③ 키워드 발굴 무료 툴 #3

④ 방문 확률을 높이는 황금 키워드 찾기

⑤ 조회 수를 만드는 키워드는 정해져 있다

⑥ 블로그 지수가 쭉쭉 올라가는 키워드 찾기

Section 3. 읽히는 제목을 작성하는 법

① 대표 키워드와 서브 키워드의 조합 꿀팁

② 선택 받는 제목의 공통점

③ 상대방의 호기심을 자극하는 제목 짓기

④ 상대방의 입장에서 제목 짓기

⑤ 이건 진짜 하지 마세요

Section 4. 어떤 내용을 적어야 할까?

① 수정 없이 가독성을 높이는 법

② 모바일 가독성을 높이는 아주 쉬운 꿀팁

③ 썸네일에 글자는 필요할까?

④ 내용을 한 번에 전달하는 썸네일 비율 공식

⑤ 끌리는 이미지의 공식

⑥ 동영상은 꼭 넣어야 할까?

⑦ 작성 시간을 1/3 으로 줄이기 꿀팁

⑧ 5 초 만에 움짤 만들기

⑨ 말도 안 되게 중요한 대가성 표시 여부

⑩ 일상에서 포스팅 소재 찾기

⑪ 원 소스 멀티 유즈의 좋은 예시

⑫ 추가 방문자를 부르는 키워드의 예시

⑬ 블로거들의 즐겨찾기 리스트

Section 5. 네이버가 밀어주는 포스팅의 공통점

① 전문가 스멜이 느껴지는 글 쓰는 법

② 오랫동안 머무는 글 쓰는 법

③ 내 이웃과 소통하는 법

③ 효과적인 이웃 관리를 도와주는 무료 프로그램

⑤ 어느 날 갑자기 수상한 이웃들이 몰려왔다면?

⑥ 직접 맛보고, 즐기고, 써본 일을 써보자

⑦ 예약 포스팅을 위한 최적의 시간 간격

Section 6. 네이버가 싫어하는 포스팅의 공통점

① 어뷰징의 정의 딱 알려 드림

② 굳이 노출해 줄 필요가 없는 포스팅의 기준

③ 저품질 가능성이 훌쩍 높아지는 단어 리스트

④ 남의 이야기 말고 내 이야기를 쓰자

⑤ 네이버를 혼란스럽게 하면 벌받아요

⑥ 외부 링크를 넣어도 될까?

⑦ 체험단 글과 일상 글의 비중은?

Section 7. 중요한 것은 효자 포스팅

① 블로그 초반 운영 목적은 무엇이어야 할까?

② 검색 된 유효 키워드를 확인하는 방법

③ 수익화 블로그에서 이것만큼은 하지 말아라

Section 8. 16년 차 블로거의 꿀팁 대방출

① 동일한 이미지로 유사 문서 안 걸리기

② 무료 툴로 나만을 위한 최적의 키워드 찾기

③ 내 블로그 지수에 딱 맞는 키워드의 기준

④ 이웃을 찾는 가장 쉬운 방법

⑤ 콘텐츠 수정 없이 체류시간 늘리기

⑥ 방문자 수 70명으로 체험단 선정 된 노하우

⑦ 첫 방문 체험단 당첨! 어떻게 준비하지?

⑧ 내 글이 보이지 않는다=저품질일까?

⑨ 포스팅 누락 여부를 확인하는 애플리케이션

⑩ 잘 되는 블로그 제대로 벤치마킹하

⑪ 상위 노출 블로그 포스팅 제대로 분석하기

⑫ 첫 문장 제대로 작성하기

⑭ 블테기를 극복하는 가장 효과적인 방법

⑮ 방문자 수를 뻥 튀겨줄 실검 키워드

Chapter 3 | 부록 – 블로거를 위한 국내 체험단

마무리하며

지은이의 말

  안녕하세요 브랜딩 블로그 전문가 노마드 엠제이 입니다. 2006년 쇼핑몰을 오픈하면서 시작한 블로그는 저에게 특별한 채널입니다. 판매하는 제품을 홍보하기 위해 만든 블로그를 고객이 찾고 매출까지 연결이 되는 것은 굉장히 신기한 경험이었습니다. 이후로 마케터로 근무하면서 다양한 브랜드와 제품 블로그를 운영해 보았고 이제는 브랜딩 블로그 강의와 컨설팅까지 진행하고 있습니다.

  블로그의 장점이라면 누구나 글 쓰는 것만으로 수익화에 도전할 수 있다는 것입니다. 이제 막 시작하는 블로거들을 위해 단계별 적절한 키워드 선정, 클릭을 부르는 글쓰기, 그리고 내 블로그로 사람들을 불러들이는 가장 확실한 방법까지 오랜 시간 시행착오를 거치면서 습득한 제 노하우를 예제와 함께 상세하게 담았습니다. 지금 바로 도전하는 여러분을 응원합니다.

강의/컨설팅 문의: jmoment.biz@gmail.com

Chapter 1 |
누구나 돈 버는 블로그

Section 1. 블로그 지수는 어떻게 나눠지는가?

 현재 네이버 블로그는 씨랭크와 다이아라는 두 가지 로직을 통해서 블로거의 상위 노출 가능성의 기준으로 삼고 있습니다. 씨랭크 로직은 전문적인 콘텐츠를 꾸준하게 발행하고 있는가를 기준으로 삼습니다. 다이아 로직은 경험 위주의 콘텐츠를 주로 작성하고 있는가를 기준으로 삼고 있지요. 다시 말하면 전문적인 내용을 개인의 경험을 통해 얻은 정보와 함께 녹여내고 있는지를 판단하고 있습니다.

Section 2. 내 블로그의 현황을 파악하는 방법

① 준최적화 블로그 확인하는 방법 #1
- 블로그 프로필 ▶ 통계 ▶ 유입 분석 ▶ 유입 경로
 유입 경로 중에서 네이버를 통한 유입이 전체의 60% 이상을 차지할 때 준최적화로 분류합니다. 네이버를 통한 유입량이 현저하게 적다면 저품질 블로그를 의심할 수 있으며 이 경우 블로그를 새롭게 개설하실 것을 추천합니다.

호기심 많은 콘텐츠 크리에
이터 / 봄웜톤 22호 뷰스타
EDIT
프로필▶

✏ 글쓰기 ✿관리·통계

사용자 분석

유입분석
시간대 분석
성별·연령별 분포
기기별 분포
이웃 방문 현황
이웃 증감수
이웃 증감 분석
국가별 분포

S 유입경로

네이버 통합검색_모바일	57.30%
네이버 통합검색_PC	11.99%
다음 통합검색_모바일	8.61%
네이버 뷰검색_모바일	7.12%
네이버 블로그_모바일	4.87%

② 준최적화 블로그 확인하는 방법 #2

– 웨어이즈포스트 (http://whereispost.com/)

　본인의 블로그 주소를 넣으면 포스팅의 노출 현황을 확인할 수 있습니다. 노출이 되는 중이라면 녹색 체크 표시가 뜨며, 노출이 되지 않는 경우 붉은색 엑스 표시가 뜹니다.

Section 3. 블로그 첫걸음을 위한 기본 세팅 리스트

① 지수 누적을 위한 최적의 주제 개수?

　블로그의 상위 노출 기회를 높여주는 기준인 씨랭크 로직은 전문적인 콘텐츠를 꾸준하게 발행하고 있는 지로 판단합니다. 블로그에서 앞으로 다룰 메인 주제 2개를 결정하고, 해당 카테고리에 맞는 콘텐츠를 지속적으로 업로드하면 전문 지수를 빨리 확보할 수 있습니다.

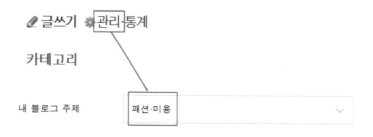

 메인 주제는 2개 정도로 가지고 가되, 그 외에 자신이 다룰만한 주제는 최대 10개가 넘어가지 않도록 주의해 주세요.

 ☞ 예시 │ 본인이 뷰티블로거지만 여행을 즐기신다면 메인 주제 1) 패션 미용, 서브 주제 2) 여행 이렇게 정하시면 됩니다. 블로그 자체의 주제는 패션 미용으로 설정해 주시고요. 그 외에 일상 속에서 얻을 수 있는 소재인 리빙, 제품 리뷰, 책/문학 등 새로운 주제는 최대 10개가 넘어가지 않는 선에서 관리해 주시면 좋습니다.

 ② 주제를 자주 바꿔도 괜찮을까?
 앞에서 말씀 드렸듯이 블로그의 주제는 씨랭크와 관련이 있고, 포스팅의 퀄리티는 다이아 로직과 연관이 있습니다. 본인이 주제와 관련 된 포스팅을 하나하나 쌓아가면 블로그 주제 카테고리에 지수가 점점 쌓이게 됩니다. 만일 주제를 바꾸게 된다면 다시 해당 주제에 대한 지수를 처음부터 쌓아야 합니다.
 씨랭크는 전문성을 가늠하기 위한 로직으로 하나의 주제에 대해서 다양한 정보를 제공하다 보면 어느 순간부터 경쟁이 높던 키워드의 상위 노출이 되기 시작하는 것을 확인할 수 있습니다.
 블로그의 주제를 중간에 변경하는 것은 어렵지 않습니다. 클릭 몇 번으로 나의 블로그 메인 주제는 천번 만번을 바꿀 수 있지만 바뀐 주제에 다시 전문성을 위한 씨랭크 지수를 쌓기 위해서는 상당히 오랜 시간과 노력이 필요합니다.

☞ 기억 하세요 하나의 주제에서 나의 지수가 높아져서 상위 노출이 시작되면 다른 주제의 키워드에서도 상위 노출이 될 가능성이 높아집니다. 그러므로 가능한 하나의 주제에서 빠르게 지수를 쌓아가는 것을 추천합니다. 한가지 카테고리에서 상위 노출이 어느정도 확보 되었다면 주제를 자주 바꾸지 마세요!

③ 가독성을 높이는 가장 쉬운 방법
– 블로그 프로필 ▶ 관리 ▶ 꾸미기 설정 ▶ 기본 에디터 설정
　기본적인 서체를 설정해두면 매번 바꾸는 수고를 줄일 수 있습니다.

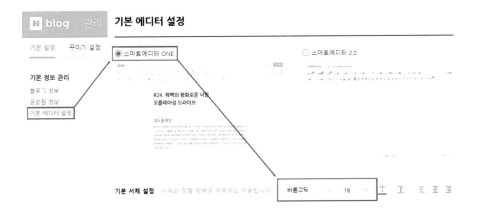

　블로그를 처음 개설하면 기본적으로 맑은 고딕 15 폰트가 세팅 되어 있는데 이것을 자신의 눈에 잘 익는 서체와 사이즈로 지정해 주시면 됩니다. 저는 바른 고딕 서체와 16 폰트 사이즈를 가장 선호합니다.

　네이버에서는 현재 두 가지 에디터 버전을 제공하는데 스마트에디터 ONE의 경우 훨씬 다양한 표현과 지정이 가능하기 때문에 좀 더 보기에 좋은 포스팅을 만드는데 좋습니다. 그리고 소폭이지만 스마트에디터로 작성할 경우에 상위에 노출될 확률이 높은 것으로 확인되는데, 네이버는 자신이 제공하는 다양한 툴을 적극적으로 활용하는 것을 좋아합니다.

④ 같은 방문자로 체류시간 확 늘리기

  네이버에서는 적극적으로 부인하지만 블로그를 운영하다 보면 일정 기간을 두고 방문자 수가 비슷한 수준에서 머무는 것을 확인하실 수 있습니다. 일정 지수의 블로그에는 일 단위 방문자의 수가 정해져 있지 않을까라고 블로거들은 암암리에 생각하고 있지요.

  일 방문자 수가 비슷한 수준이라면 이미 유입 된 분들이 조금이라도 더 머물 수 있는 환경을 만들어주어야 합니다. 유저들이 본인의 블로그에서 하나의 정보라도 더 볼 수 있도록 하려면 다양한 콘텐츠를 한 눈에 볼 수 있어야 하고, 그 콘텐츠의 썸네일이 유저의 호기심을 자극해야 할 것입니다. 저는 블로그 세팅단계에서 프롤로그를 꼭 노출시킬 것을 권장 합니다.

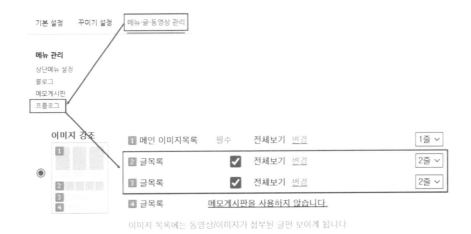

프롤로그 설정하기: 블로그 프로필 ▶ 관리 ▶ 메뉴, 글, 동영상 관리 ▶ 상단메뉴 설정

☞ 따라 하세요 │ 다양한 이미지가 한 눈에 보일 수 있도록 이미지 강조형을 사용하세요. 블로그의 메인 주제 카테고리를 우선 순위로 설정 하시되 이미지는 최대 2줄을 넘기지 않아야 황금 스크롤 안에 본인의 소중한 포스트들이 누락없이 노출될 수 있습니다. 같은 인원이 방문 하더라도 한 개의 포스팅을 더 클릭한다면 그만큼 체류시간이 확보될 수 있습니다.

⑤ 같은 방문자로 페이지 뷰 확 늘리기

역시나 위에서와 같은 이야기로 방문자의 수를 기하급수적으로 늘리는 것이 당장 어렵다면 한 명이 하나의 페이지를 더 볼 수 있도록 세팅을 하면 됩니다. 저는 페이지당 노출되는 글의 개수를 늘리는 것을 추천합니다.

페이지당 노출되는 글의 수는 블로그 프로필 ▶ 관리 ▶ 메뉴, 글, 동영상 관리 ▶ 블로그에서 세팅할 수 있습니다.

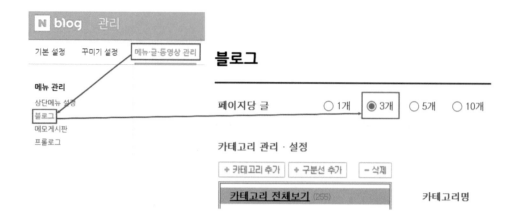

하나의 페이지에 노출되는 글의 수가 많아지면 카테고리를 클릭하고 들어온 유저에게 한 번에 설정된 개수의 포스팅이 노출되면서 페이지 뷰 수가 높아지게 됩니다. 실제 유저는 자신이 보고자 했던 콘텐츠를 하나만 보고 이탈될 확률이 높지만 스크롤을 내리면서 페이지 뷰 수를 높이기 위한 본인의 전략이 이미 성공입니다.

☞ 노하우 방출 | 한 페이지에 3개 정도의 글을 세팅하는 것을 추천합니다. 5개 이상이 되면 스크롤이 너무 길어져서 유저들이 자신이 찾는 정보의 양이 방대한 줄 알고 그냥 이탈되는 경우가 많습니다.

Chapter 2 |
블로그로 돈 벌기 실전 노하우

Section 1. 읽히는 포스팅을 위한 필수 요소

블로그에 포스팅을 쓰기 위해서는 가장 먼저 키워드가 필요하고, 그 키워드를 조합해서 제목과 내용을 적는 것이 필요합니다. 과거에는 제목에 키워드를 적는 순서에 따라 노출 순서가 결정되던 시절이 있었기 때문에 배열에 신경 써서 제목이 이상해지는 경우가 많았습니다.

하지만 이제는 검색 결과에서 키워드들이 자동으로 조합되어 유저들에게 노출되고 있으니 걱정하지 않아도 됩니다. 그 외에 포스팅을 위해서는 적절한 사진과 동영상 혹은 GIF라고 부르는 움짤 등이 있습니다.

① 제목을 정하는 테크트리
제목 작성 시 키워드 2개 정도를 조합하되 글자 수는 최대 20자가 되지 않는 것이 좋습니다.

② 사진과 글 효과적으로 작성하기
사진은 최소 10장 이상이 되어야 어느 정도의 체류시간이 확보되면서 콘텐츠의 정보성을 높여주는 양념의 역할을 할 수 있습니다. 글은 최소 1,200자 이상의 글을 작성해 주셔야 체류시간 확보와 동시에 적절한 정보의 전달이 가능합니다.

☞ 따라 하세요 그 외에 동영상 등을 비롯한 체류시간 확보를 위한 콘텐츠들의 사용은 본인의 선택이지만 저는 가능하면 짧게나마 동영상을 삽입하는 것을 추천하고 있습니다.

Section 2. 키워드를 발굴하는 방법

키워드의 선정은 나의 포스트가 사람들에게 노출될 수 있는지의 여부를 가르는 가장 중요한 요소입니다. 많은 사람들이 검색을 하면 내 포스팅이 노출되고 이를 통해 유입이 될 수 있기 때문이지요. 하지만 많은 사람들이 검색하는 키워드는 그만큼 경쟁률이 높아서 이제 막 블로그 걸음을 뗀 본인의 글은 상위 노출 가능성이 상대적으로 떨어집니다. 저는 블로그의 단계에 따라 키워드를 선정하는데 전략이 필요하다고 강력하게 강조하고 싶습니다.

① 키워드 발굴 무료 툴 #1
– 네이버 키워드 광고 (https://searchad.naver.com/)
키워드 광고 로그인 ▶ 광고 시스템 ▶ 도구 ▶ 키워드도구

대부분의 블로거들이 사용하는 네이버 키워드 광고 페이지입니다. 누구나 가입이 가능하며 키워드 도구를 활용해서 해당 키워드의 연간 검색 추이를 비교해 볼 수 있는 것이 장점입니다.

② 키워드 발굴 무료 툴 #2

- 블랙키위 사이트 (https://blackkiwi.net/)

　키워드에 대한 검색 량은 물론 해당 키워드의 포화상태와 모바일에서의 노출 순서 그리고 연관 키워드까지 한 페이지에서 확인할 수 있기 때문에 제가 가장 추천하는 사이트 입니다.

　키워드를 검색하면 총 검색량과 해당 키워드의 경쟁률이 높은지에 대한 정보들을 확인할 수 있습니다. 본인의 블로그에 딱 맞는 키워드를 선정하는 방법은 맨 하단에서 다시 한번 다루겠습니다.

③ 키워드 발굴 무료 툴 #3

- 리얼 키워드 사이트 (http://realkeyword.co.kr/)

　키워드에 대한 기본적인 검색 양과 함께 네이버 블로그 탭에서 집계된 해당 키워드와 관련된 문서의 개수와 1위부터 10위까지의 노출 플랫폼을 확인할 수 있습니다.

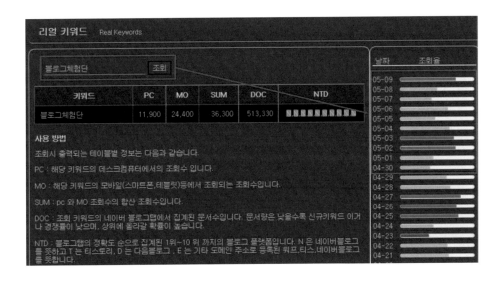

전체 문서 수의 양이 적을수록 신규 키워드이거나 경쟁률이 낮은 키워드로 상위에 노출될 확률이 비교적 높습니다. 일 단위로 해당 키워드의 조회 율도 확인할 수 있는데 녹색은 검색자 수가 많은 날, 붉은색은 검색자 수가 적은 날입니다.

④ 방문 확률을 높이는 황금 키워드 찾기

키워드의 문서량을 볼 때 영역에서 제목으로 지정하고 검색하면 제목에 해당 키워드가 활용된 경우에 대한 결과만 확인할 수 있습니다. 제목으로 작성된 문서량은 상이하기 때문입니다.

☞ 노하우 방출   네이버 사이트에서 키워드 검색 후 결과페이지의 제목 문서량에서 적은 것을 선택하면 그만큼 상위에 노출될 수 있는 확률이 더더욱 높아집니다.

⑤ 조회 수를 만드는 키워드는 정해져 있다

포스팅을 쓸 때 연관검색어와 조합해서 제목을 작성하면 효율적이라는 점을 여러 번 강조했습니다. 그럼 연관 검색어 중에서는 어떤 키워드를 선택해야 할까요? 무조건 검색 양이 많은 키워드를 선택하는 것이 좋을까요? 대답은 광고가 덜 붙는 키워드를 선택하시는 것입니다.

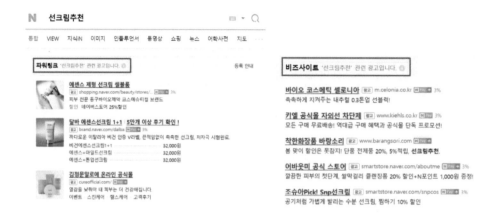

네이버에서 검색하면 연관검색어가 뜨는데 해당 키워드를 클릭하면 다시 검색결과가 노출 됩니다. 이때 통합검색 페이지에서 광고 (파워링크, 파워 컨텐츠, 비즈 사이트 등)이 2개 이하로 뜨는 키워드를 선택하면 본인의 콘텐츠가 메인에 그만큼 더 통합검색 페이지에 노출 될 수 있는 확률이 높아집니다.

☞ 주의 하세요 | 한 가지 팁을 더 드리자면 키워드 검색 결과에서 블로그와 카페가 섹션에 노출되지 않는 경우 그건 홍보성 키워드로 검색하는 사람은 많으나 본인이 검색 결과에서 노출될 확률이 매우 낮아지니 지양하는 것이 좋습니다.

⑥ 블로그 지수가 쭉쭉 올라가는 키워드 찾기

네이버에서는 하루에도 수천만 건의 검색이 발생되지만 그 중에서도 유독 시즌과 일자에 따라 조회 수가 높은 키워드 카테고리가 정해져 있습니다. 검색이 집중되면서도 블로그 유입량이 비교적 높은 키워드는 요리, 여행, IT입니다.

특히 IT 제품의 경우 신제품에 대한 조회 수가 굉장히 높아지고 실제 사용 사례에 대한 궁금증 때문에 블로그로 유입되는 비중이 상당히 높은 편입니다.

그 외에 주말이 다가오면 여행정보에 대한 검색량이 늘어나는데 이때 한 가지 팁을 드리자면 장소별 포스팅을 하나씩 적으신 후에 큐레이션 형태의 콘텐츠를 하나 더 작성해 보십시오.

☞ 따라 하세요 1) 아이와 함께 가 볼 만한 강화도 석모도, 2) 가성비 좋은 게장을 먹을 수 있는 강화도 반선 포스팅 업로드 후에 큐레이션 형태의 콘텐츠로 3) 가을에 아이와 함께 가 볼 만한 강화도 여행 코스를 작성하십시오. 큐레이션 포스팅 하단에 앞의 포스팅 두 개를 글타래 형식으로 게재하면 유입량과 페이지 뷰, 체류시간을 한 번에 챙기실 수 있습니다.

Section 3. 읽히는 제목을 작성하는 법

 네이버에는 방대한 양의 정보들이 이미 축적되어 있고, 그 정보들을 좀 더 보기에 편하고 눈에 띄도록 가공을 하면 더 많은 유저들의 유입을 기대할 수 있습니다. 아래의 내용들을 고려해서 정한다면 좀 더 많은 이들의 선택을 받을 수 있을 것입니다.

① 대표 키워드와 서브 키워드의 조합 꿀팁
 키워드 발굴을 통해 얻은 2개 정도의 키워드를 조합하여 제목을 설정하는 것이 좋습니다. 무턱대고 너무 검색 양이 많은 키워드를 사용하면 자연히 지수가 좋은 블로그보다 낮은 순위에 노출이 됩니다. 우선 메인 주제 키워드를 결정하면 서브 키워드는 연관 검색어 중에서 고르세요. 그럼 문맥에 맞으면서 자연스러운 제목을 뽑아내는 것이 가능합니다.

 우선적으로 나의 블로그 지수에 맞는 키워드를 조합하여 서서히 유입자의 비율을 높이는 전략이 필요합니다.

 ☞ 예시 선정된 키워드가 서울 아파트, 청약점수 라면 제목은 서울 강남구 청약 평균 점수라고 조합하시면 됩니다. 다양하게 조합해서 상위 노출의 길에 한걸음 다가 가시길 바랍니다.

② 선택 받는 제목의 공통점
 우선적으로 숫자가 노출되면 유저의 시선에서는 좀 더 깔끔하게 정리된 정보라고 인식될 수 있습니다. 또한 스낵 콘텐츠가 대세인 요즘 필요에 의해 검색을 하지만 좀 더 단시간 내에 자신이 원하는 정보를 얻고 나가고자 하는 경우가 많습니다.

이때 숫자를 적극적으로 활용한다면 내가 이 콘텐츠에 기대하는 바에 대해 빠른 습득이 가능할 것으로 여겨져서 유입될 확률이 높아집니다.

☞ 예시 ~ 하는 법 3가지, 이유 3가지, 최대 80% 싸게 사는 법 등

③ 상대방의 호기심을 자극하는 제목 짓기

유저로 하여금 괜히 궁금해지는 제목을 설정한다면 평이한 제목보다 유입될 확률이 매우 높아집니다. 대신 호기심을 자극했다면 그를 해결하기 위한 확실한 답을 명확하게 전달해 주어야 합니다.

☞ 예시 ~에서 절대 하지 말 것, ~ 할수록 큰일 나는 것

④ 상대방의 입장에서 제목 짓기

가장 먼저 본인이 궁금한 것이 생겼을 때 네이버에 검색하는 경우를 떠올려 보십시오. 다른 것은 차치하고서라도 어떤 포스팅을 작성하기 위해 본인은 다른 블로그의 정보를 찾아보았을 것입니다.

그 블로그로 유입되었던 키워드의 배열을 다시 확인해 보시면 비슷한 정보들 사이에서 해당 글을 선택한 이유가 있겠지요. 읽는 사람의 입장에서 혜택이나 이익이 강조되거나 그들이 궁금해할 법한 키워드를 발굴하는 연습을 많이 하십시오.

읽는 사람의 입장을 고려한 제목의 예시) ~의 효과, ~의 장단점, 미국 직구 최저가 사는 방법 등

⑤ 이건 진짜 하지 마세요

 정리 정돈을 잘하는 경우 제목을 작성할 때 한눈에 들어오도록 특수문자를 활용하는 분들이 많습니다. 하지만 따옴표, 쉼표와 같은 특수문자는 가능한 쓰지 않는 것이 좋습니다.

 유저들은 정확한 키워드를 치고 들어오기 때문에 키워드와 글이 정확하게 인식될 수 있도록 패턴을 바꾸는 것이 매우 중요합니다. 다시 말해서 쉼표나 따옴표, 느낌표나 물음표 같은 특수 문자들은 네이버 봇을 혼란하게 만들어 오히려 검색 결과에서 누락시킬 가능성이 높아집니다.

 ☞ 노하우 방출 | ooo와 ooo 먹고 왔어요 (이태원 맛집) 과같이 괄호 표기 등을 사용하는 것이 대표적인 예입니다. 유저들은 이태원 맛집으로 검색하지 (이태원 맛집)을 검색하지 않습니다. 키워드를 적을 때 띄어쓰기는 크게 상관이 없습니다.

Section 4. 어떤 내용을 적어야 할까?

 제목과 키워드를 정했더라도 막상 내용을 채울 생각을 하면 너무 막막해하는 분들이 의외로 많습니다. 사실 글은 쓸수록 실력이 늘어나듯이 포스팅도 작성 경험치가 쌓이면 그만큼 양질의 글을 빠르게 작성하는 것이 가능해집니다.

   하지만 본인은 이제 막 첫걸음을 떼신 새내기 블로거이므로 내용을 작성하실 때 아래의 내용만 우선 숙지를 해주십시오.

① 수정 없이 가독성 높이는 법
 정보성 글일수록 유저에게는 낯선 내용인 경우가 많습니다. 그렇기 때문에 눈에 딱딱 들어오도록 중요한 부분은 강조를 해주고, 그렇지 않은 부분의 단어 개수는 최소한으로 하는 것이 좋지요.

☞ 따라 하세요 글이 너무 빽빽하면 보기에도 이해하기에도 어렵습니다. 큼직한 사진 한 장에 3~4줄 정도의 텍스트가 적절하며 서체의 사이즈는 19 이상을 권장합니다.

② 모바일 가독성을 높이는 아주 쉬운 꿀팁
 모바일에서 더욱 많은 유입이 일어나기 때문에 포스팅을 할 때마다 모바일 가독성을 확인하는 것은 정말 중요합니다. 모바일에서 글자의 배치가 안정적일수록 유입된 유저들이 좀 더 오랫동안 본인의 포스팅을 읽어보면서 정보를 얻을 수 있기 때문이지요. PC에서 포스팅을 작성할 때 모바일 버전으로 확인하면서 가독성을 확인할 수 있는 방법을 알려드리겠습니다.

모바일 가독성 높이는 방법

모바일 가독성 높이는 방법모바일 가독성 높이는 방법
모바일 가독성 높이는 방법모바일 가독성 높이는 방법
모바일 가독성 높이는 방법모바일 가독성 높이는 방법
모바일 가독성 높이는 방법모바일 가독성 높이는 방법
모바일 가독성 높이는 방법

PC에서 작성하실 때 우측의 아이콘을 클릭하시면 PC 화면과 MO 화면에서 보이는 느낌을 확인할 수 있습니다. 저는 대체로 모바일 버전으로 설정을 해두고 글을 쓰고 있습니다. 이렇게 작성하면 문장을 끝맺는 위치나 각주 등을 사용할 때 훨씬 안정적인 배치로 포스팅을 마무리할 수 있습니다. 참고로 PC, 모바일 외에 태블릿 버전도 있습니다.

③ 썸네일에 글자는 필요할까?

썸네일에 글자가 들어가 있으면 네이버 봇이 방문했을 때 정확하게 판단을 하는 것이 어려워집니다. 내가 적은 키워드와 가장 일치하는 사진을 썸네일로 하는 것이 가장 좋고, 사진 귀퉁이에 방해가 되지 않는 선에서 글자를 넣는 것은 괜찮습니다. 대신 강좌나 정보성 글에는 글자를 넣으면 유입량이 한결 높아지기는 합니다.

④ 내용을 한 번에 전달하는 썸네일 비율 공식

 아마 키워드 선정 단계에서 본인은 PC보다 모바일을 통한 블로그 유입 비중이 더욱 높다는 것을 인지하셨을 겁니다. 스마트폰이 보편화되면서 이제 궁금한 정보는 바로바로 손안에서 네이버 앱을 켜고 검색하는 경우가 많기 때문입니다.

⑤ 유입경로

네이버 통합검색_모바일	57.30%
네이버 통합검색_PC	11.99%
다음 통합검색_모바일	8.61%
네이버 뷰검색_모바일	7.12%
네이버 블로그_모바일	4.87%

 하나의 콘텐츠를 예시로 봐도 네이버의 다양한 구좌를 통해 유입되었지만 결국 모두 모바일을 통해 들어온 것이 확인됩니다. 모바일에서는 사진의 세로 사이즈가 너무 길어서 자신의 원하는 정보를 얻기까지의 시간이 너무 많이 걸린다 싶으면 일찌감치 이탈이 되고 맙니다.

 다양한 블로그를 운영해 본 결과 모바일로 보기에 가장 적절한 사진의 비율은 16:9 혹은 4:3 이였습니다.

 ☞ 노하우 방출   보고서 혹은 제안서 포맷 등 직장인들이 PC로 주로 검색하고 작업하는 카테고리가 있습니다. 이 경우에는 사진의 비중이 생각보다는 크게 작용하지 않더라고요. 참고해 주세요.

⑤ 끌리는 이미지의 공식

블로그에는 복잡한 이미지보다는 간단명료한 이미지를 사용해 주는 것이 훨씬 좋습니다. 그리고 해상도가 낮은 사진보다 높은 사진이, 사물보다는 사람이나 동물이 들어가 있는 사진에 대한 반응도가 훨씬 높은 편입니다.

본인이 찍은 사진을 사용하는 것이 가장 좋지만 여의치 않은 경우에는 무료 이미지 사이트에서 사진을 다운로드해 사용하는 것도 가능합니다. 대신 무료 이미지 사이트에서 받았더라도 블로그 업로드 전에 라이선스의 기준을 확실하게 확인하셔야 합니다.

** 네이버에서 싫어하는 것을 이야기할 때 다루겠지만 온라인에서 다운로드한 사진을 그대로 업로드하면 유사 문서로 분류될 수 있으므로 반드시 캡처 혹은 메타 값을 지운 후에 사용하세요. 메타 값을 지우는 방법은 아래에서 설명해 드릴게요.

⑥ 동영상은 꼭 넣어야 할까?

네이버에서 정보성 콘텐츠로 인식하는 가장 중요한 지표 중 하나가 바로 유저의 체류 시간입니다. 해당 포스팅에 머무는 시간이 길어질수록 좀 더 특별한 정보를 전달하고 있다고 네이버에서 판단하는 것이지요. 이런 작은 지수들이 쌓이면서 점차 상위 노출로 다가갈 수 있습니다.

동영상은 바로 그러한 체류시간을 확보하는데 중요한 역할을 합니다. 하지만 동영상의 길이가 너무 길면 그냥 꺼버리는 경우가 많습니다. 최소한의 집중 도를 요하면서 체류시간까지 확보하기에 가장 좋은 길이는 10~15초 정도입니다.

또한 포스팅 자체의 무게를 무겁게 만들어주면서 정보성 콘텐츠로 인식시키는 역할도 하고 있으니 동영상은 꼭 넣어 주시는 것이 좋습니다.

영상이 따로 준비되지 않은 경우 저는 사진들을 묶어서 영상으로 만들어줍니다. WIN10 이상 사용하시는 분들은 기본적으로 제공되는 "비디오 편집기"를 사용하시면 편하고, 그 외에 요즘 사진 묶어 동영상으로 만들어주는 무료 앱도 많으니 참고해 주세요.

⑦ 작성 시간을 1/3으로 줄이기 꿀팁

일상의 이야기나 정보를 적는 것은 내 안의 지식을 풀어가면 금방 써지는 경우가 많습니다. 하지만 제품 리뷰의 경우 짧은 시간 체험을 통해 하나의 포스팅을 완성하는 것이 어려운 경우가 많습니다. 이런 경우에는 제품의 웹 상세 페이지를 참고하는 것을 추천합니다.

쿠팡, 스마트 스토어 등은 용량과 심의 때문에 기존 웹 상세 페이지를 약식으로 줄여놓은 경우가 많습니다. 이왕이면 공식 홈페이지의 상세 페이지를 참고하시는 것이 좋습니다. 해당 제품에서 강조하고 싶은 내용을 굵직하게 잘 표시해 두었기 때문에 글을 작성하는 시간이 한결 단축되실 겁니다.

⑧ 5초 만에 움짤 만들기

저는 움짤을 만들 때 포토스케이프라는 프로그램을 가장 자주 사용합니다. 무료 프로그램이지만 gif 등의 움짤은 물론 각종 사진의 편집과 이어 붙이기 등의 다양한 작업이 가능한 환경을 제공하기 때문입니다. 또한 사용법도 굉장히 쉽습니다.

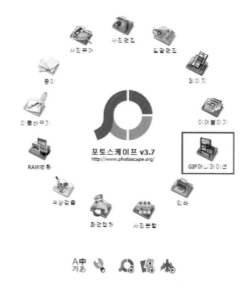

〈gif 움짤을 쉽게 만들어주는 프로그램 – 포토스케이프〉

 Gif를 만들기 위해서는 우선 초 단위의 연사 사진들이 필요합니다. 저는 움짤이 필요한 사용 컷, 텍스처 컷 등이 필요하면 우선 동영상으로 찍은 후에 캡처 하여 초 단위의 사진들을 확보합니다.

☞ 따라 하세요   포토스케이프 프로그램을 열고 붉은 박스 부분의 GIF 애니메이션을 선택합니다. 이후 사용하고자 하는 사진들을 모두 선택한 후에 표시 시간을 지정하면 속도를 조절할 수 있습니다. 저는 대게 표시 시간을 8초~13초 사이로 지정하는데 안정적인 움짤을 만드는 것이 가능합니다. 사용할 수 있는 사진의 개수가 너무 적은 경우에는 표시 시간을 20초 정도로 설정하시면 됩니다.

⑨ 말도 안 되게 중요한 대가성 표시 여부

한동안 뒷광고 논란으로 대한민국이 시끄러웠습니다. 2020년 9월 1일부터 추천 보증 등에 대한 표시 광고 심사 지침이 굉장히 엄격하게 적용되고 있는데 아랫부분에 대해서 주의가 필요합니다.

추천 보증 시 상품 사용 여부, 내용의 사실 여부, 존재 사실 여부에 대해 부장한 광고를 진행한 예시가 가장 중요한데, 한마디로 효과를 본 사람이 실존 인물이어야 하고, 실제로 사용을 했으며, 모든 사람에게서 동일한 효과가 나타나는 경우라면 추천과 보증 형태로 포스팅 작성이 가능합니다. 다시 말해서 홈쇼핑에 다이어트 식품을 광고하는 경우 효과를 본 소비자가 실존 인물이어야 하며, 실제로 해당 상품을 사용해서 얻은 결과 여야 하고, 광고 상과 동일한 결과를 구입한 소비자들이 얻을 수 있어야 합니다. 특히 다이어트 식품 광고 시 실제 체험한 것처럼 표기했지만 사실은 동 식품이 특별한 체질과 조건을 갖춘 일부 소비자들에게서만 효과가 나타난다면 기준에 걸리게 됩니다.

다음으로 광고주와 추천인과의 경제적 이해관계가 공개되어야 합니다. 광고주로부터 경제적 대가를 받았음을 명시해야 하며, 이러한 명시는 쉽게 찾을 수 있는 위치에 노출되어야 합니다. 본문의 중간에 본문과 구분 없이 작성하여 소비자가 쉽게 인식할 수 없거나, 표시 문구를 댓글로 작성하거나, 더 보기를 눌러야만 표시 문구를 확인할 수 있는 경우에는 기준에 걸리게 됩니다.

네이버에는 본인을 지켜보는 수많은 눈과 귀가 있습니다. 제품을 전달받아 내 돈 내산 등의 콘텐츠를 업데이트하는 경우 누군가의 신고로 제품을 직접 구입한 영수증 등의 증빙을 요청 받을 수 있으니 멀리 보시고 법을 준수하면서 블로그 운영을 해주시는 것을 강력하게 권장합니다.

해당 내용과 관련된 시행령은 국가 법령정보 센터의 "추천, 보증 등에 관한 표시 광고 심사 지침"을 참고해 주세요.

☞ 예시 첫 줄에 광고입니다 라는 문장을 명시하거나, 협찬 받았음 이라는 문구를 명확하게 게재한 경우

⑩ 일상에서 포스팅 소재 찾기

블로그의 지수를 높이기 위한 다양한 요소들이 있는데 그 중의 하나가 바로 액티브 지수입니다. 하루에 한 개의 포스팅을 꾸준하게 하고 이웃과 소통을 할수록 액티브 지수가 쌓이게 됩니다. 빠른 시간 내에 블로그를 키우기 위해서는 포스팅을 꾸준하게 하는 것이 중요하다는 것은 여러 번 말씀드렸습니다. 하지만 매일 포스팅을 위한 소재를 찾는 것은 상당히 어려운 일입니다.

평범한 일반인의 일상에서 다양한 소재를 매일 찾아내는 것이 어렵기 때문에 저는 각종 체험단 참여를 추천하고 있습니다. 맨 아래 국내의 다양한 체험단 사이트를 적어둘 예정이며 본인의 카테고리와 관련된 체험단을 위주로 신청해 보시길 바랍니다.

만일 본인이 관심이 있는 제품이 있다면 판매자에게 직접 연락을 하는 것도 가능합니다. 요즘 대부분의 업체들이 스마트 스토어를 운영하고 있으므로 네이버 톡톡 혹은 카카오톡 플러스친구나 인스타그램 DM을 통해서 연락해 보십시오. 협찬을 받은 경우 대가성 표시 여부는 반드시 삽입하세요.

☞ 예시 | 00 제품을 협찬 받고 싶습니다. 제 블로그의 하루 방문자 수는 000명이고, 주소는 000입니다. 자체 가이드라인을 주시면 참고해서 꼼꼼히 작성 가능하므로 긍정적인 검토 부탁드리겠습니다.

⑪ 원 소스 멀티 유즈의 좋은 예시

아마도 본인의 블로그 메인 주제에 관한 글은 이미 다수가 발행되어 있을 겁니다. 하나의 포스팅을 하셨다면 그 아래 해당 주제와 연관된 본인의 블로그 내 다른 글의 링크를 걸어보세요.

하나의 콘텐츠의 관심이 있어 본인의 블로그로 유입된 유저는 그 글을 같이 클릭해서 볼 가능성이 높아집니다. 더불어서 블로그의 체류 시간도 덩달아 길어질 수 있으므로 블로그 운영에 있어 이보다 더 훌륭한 원 소스 멀티 유즈 전략은 없습니다.

⑫ 추가 방문자를 부르는 키워드의 예시

네이버는 유저들에게 정보를 제공하기 위해 다양한 형태의 구좌를 선보이고 있습니다. 최근 네이버에서 강화시키고 있는 것이 바로 네이버 플레이스인데, 업체 정보를 클릭하면 이용자들의 후기를 확인할 수 있으며 이러한 후기는 대부분 블로그로 연동이 되어 있습니다. 다시 말하면 한 개의 포스팅을 작성했지만 검색어 외에도 네이버 플레이스를 통해서 추가 유입을 기대할 수 있다는 것입니다.

네이버 플레이스에 특화된 것은 맛집입니다. 사람들은 음식점을 선택하기 전에 기존 이용객들의 후기를 굉장히 중요하게 생각하고 선택의 기준으로 삼고 있습니다. 네이버 플레이스 연동을 하기 위해서는 본인의 블로그에 맛집 포스팅을 한 후에 마지막에 네이버 지도로 해당 업체 주소를 연결해 주면 자동으로 플레이스 검색 결과에서 노출이 시작됩니다. 네이버 플레이스를 통한 유입은 절대로 간과할 수 없으며 특히 분위기 좋은 카페나 맛집은 주말이 되면 유입량이 평소의 배 이상으로 띌 수 있으니 꼭 챙겨 가시길 바랍니다.

⑬ 블로거들의 즐겨찾기 필수 페이지

- 네이버 Search & Tech (blog.naver.com/naver_search)

네이버 블로그와 포스트에 관련된 모든 질문 사항에 대한 대답이 저장되어 있는 네이버 공식 블로그입니다. 빠르게 변하는 트렌드 만큼이나 네이버도 급박하게 변합니다. 로직이 변하면 그를 위한 해답을 반드시 찾아내는 블로거들이 많지만, 그래도 네이버의 공식적인 입장에 대해서 귀를 기울이는 것은 정말 중요합니다. 업자들의 카더라 통신에 의지해서 블로그 운영하지 마시고 공식 입장을 확인하며 운영하세요.

Section 5. 네이버가 밀어주는 포스팅의 공통점

① 전문가 스멜이 느껴지는 글 쓰는 법

  네이버가 점차 전문적인 정보성 콘텐츠를 상위에 노출시켜 주는 비중을 높여가고 있습니다. 전문성을 가늠하는 기준은 씨랭크 로직을 통해서인데, 만점은 13점입니다. 자신의 메인 주제 카테고리에 적합한 주제를 하나씩 업로드하면 그 지수가 쌓이게 됩니다.

② 오랫동안 머무는 글 쓰는 법

  네이버가 블로그의 전문성을 가늠하는데 유저들의 체류시간을 가장 중요하게 여깁니다. 체류시간이 높다는 것은 그만큼 얻을 수 있는 정보가 많다는 뜻이겠지요. 본인 블로그의 체류시간은 통계 ▶ 방문 분석 ▶ 평균 사용 시간에서 확인할 수 있습니다.

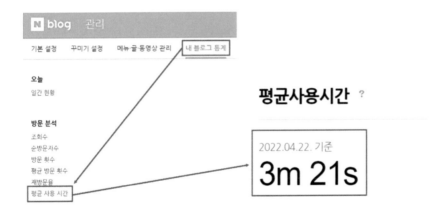

 방문자들이 본인의 블로그에 유입된 후에 머무는 시간의 평균을 내는 것이므로 방문자 수가 많을수록 시간이 길게 나오는 것이 힘들다는 점 또한 인지하여야 합니다. 초보 블로거의 경우 약 2분 30초 정도, 방문자 수 2천 명이 넘어가는 경우에는 1분 45초 정도만 나와도 괜찮을 수 있습니다.

만일 체류시간이 현저하게 낮다면 이를 늘리기 위해 사진과 글의 개수를 늘리거나 동영상과 같은 볼거리 콘텐츠의 양을 늘려주는 것이 좋습니다.

③ 내 이웃과 소통하는 법

이웃들과의 활발한 교류는 정말 중요합니다. 본인의 포스팅을 꼼꼼하게 읽어보고 이에 대한 감상을 댓글로 남긴다는 것은 결국 체류시간이 길어진다는 의미이기 때문입니다. 본인 포스팅에 진정 댓글이 달릴 수 있도록 평소 이웃들과 활발한 교류를 하시는 것이 정말 중요합니다.

또한 댓글이 달리면 반드시 대 댓글로 답변하여서 해당 방문자의 재방문 유입을 유도하세요. 댓글이 많이 달릴수록 네이버에서도 양질의 정보성 글로 인지하고 상위에 노출될 수 있는 확률이 올라가게 됩니다.

④ 효과적인 이웃 관리를 도와주는 무료 프로그램

블로그에서 이웃을 추가할 수 있는 수는 정해져 있습니다. 서로 이웃은 최대 5,000명까지만 추가할 수 있는데 블로그 활동을 집중하다 보면 어느덧 수 천명의 이웃 리스트가 완성되는 경우를 발견하실 수 있습니다. 블로그 내 체류 시간과 활동 지수를 높이려면 친밀하게 소통할 수 있는 이웃의 비중이 더욱 많아져야 하는 것은 당연한 원리입니다.

기존 이웃 풀을 대상으로 틈틈이 이벤트를 진행하여 댓글과 교류를 쌓는 작업이 굉장히 중요한데 모두 수동으로 진행하기에는 여력이 없는 것이 사실입니다. 그래서 이러한 이벤트 진행이 원활해지도록 도와주는 무료 프로그램을 소개해 드리려고 합니다.

네이버 파워블로거 빈이랑 님이 공유해 주신 프로그램 〈통계빈〉을 사용하면 실시간으로 이웃이 남긴 공감과 댓글 수까지 순위를 매기는 것이 가능합니다. 이러한 프로그램을 통해서 블로그 이벤트를 틈틈이 진행한다면 나와 친밀하게 소통하고 있는 이웃들을 리스트로 뽑는 것이 가능하기 때문에 온라인 세상에서 좀 더 친밀한 교류를 할 수 있습니다.

⑤ 어느 날 갑자기 수상한 이웃들이 몰려왔다면?

요즘 서로이웃 프로그램을 통해서 이웃 신청을 하는 경우가 많습니다. 주제가 비슷한 분들이 한 번에 10명 이상씩 서로 이웃을 신청해오는 경우가 이런 경우에 속합니다. 수락을 해도 나와 긴밀한 소통이 어려운 경우가 많기 때문에 이런 경우에는 거절하는 것을 추천합니다.

⑥ 직접 맛보고, 즐기고, 써본 일을 써보자

네이버에서 적용 중인 로직 중 하나인 다이아는 직접 경험한 것에 대한 가치를 높게 평가하고 있다고 알려드렸습니다. 맛집이나 다양한 체험과 관련된 포스팅을 작성하실 때 가능하면 사람의 형상이 노출되면 네이버 봇은 사람이 직접 경험한 것으로 인식합니다. 그러므로 제품 등을 촬영하실 때 가능하면 손이 함께 나온 사진을 촬영하는 것이 좋습니다.

⑦ 예약 포스팅을 위한 최적의 시간 간격

블로그에서는 실제로 경험한 것을 업로드하는 경우 우선적으로 노출시키는데 사람이 일일이 들어와서 볼 수 없기 때문에 봇이 와서 로직에 따라 점검하게 됩니다. 이 과정에서 중요한 것이 포스팅의 업로드 간격입니다. 기계적으로 포스팅을 찍어낸다면 네이버의 입장에서는 광고 혹은 홍보성의 콘텐츠로 인식할 확률이 높아집니다.

가장 좋은 포스팅의 업로드 간격은 3시간 정도이고, 하루 포스팅의 개수는 최대 4개를 넘어가지 않는 것이 좋습니다. 포스팅 작성이 완료되었더라도 예약 기능을 활용해서 발행 시간을 지정해주면 편리합니다.

☞ 노하우 방출   예약을 해야 하는데 잘못해서 발행을 누르고 실수하는 경우가 있습니다. 이러한 실수를 방지하기 위해서 저는 제목을 마지막에 적을 것을 권장하고 있습니다. 제목을 적지 않으면 발행이 되지 않기 때문이지요. 포스팅 말머리에 제목을 적어두고 포스팅을 작성하면서 틈틈이 저장을 눌러주세요. 예약 단계에서 제목을 적으면 실수할 확률을 줄일 수 있습니다.

Section 6. 네이버가 싫어하는 포스팅의 공통점

① 어뷰징의 정의 딱 알려 드림

어뷰징이라는 단어가 낯설 수 있지만 한마디로 정상적인 유입이 아닌 꼼수를 부리는 것을 이야기합니다. 예를 들어서 노출되었으면 하는 키워드를 나열하되 폰트 색상을 흰색으로 설정하여 보이지 않게 하거나 실시간으로 이슈가 되는 키워드를 조합하여 방문자 수를 급격하게 늘리는 등의 행위를 의미합니다.

늘어난 방문자가 계속 유지된다면 좋겠지만 그만큼 실시간으로 키워드를 빠른 시간 내에 포스팅하면서 유지하지 못한다면 결국 떨어지겠지요. 방문자의 급증과 급락의 반복이 잦아지면 저품질 위험이 높아집니다.

어뷰징은 한번 빠지면 헤어 나올 수 없는 마약과 같은 것입니다. 하지만 마약은 독약이라는 것을 명심하십시오. 네이버에서 어뷰징을 걸러내는 속도가 점점 빨라지고 있으며 한순간의 방문자 폭발에 대한 달콤한 때문에 어뷰징을 시도하다가 빠른 시간 내에 노출이 누락되는 블로그들이 제법 있습니다.

☞ 하지 마세요 커뮤니티 등에 외설적인 콘텐츠를 업로드하고 블로그로 유입시키는 방법이 한때 유행했으나 이 또한 저품질의 위험이 상당히 높습니다.

② 굳이 노출해 줄 필요가 없는 포스팅의 기준

게시물마다 동일한 사진과 동일한 내용이 들어가면 네이버에서는 정보성이 아닌 홍보성 콘텐츠로 인식해서 노출 순위를 밀어내 버립니다. 특히 동일한 이미지를 통해서 네이버 봇이 유사한 문서로 판단하게 되는 경우가 많으니 가능한 한번 사용한 사진은 사용하지 않을 것을 추천합니다.

다만 부득이한 경우에는 사진의 메타 값을 삭제한 후에 업로드하시는 것은 하나의 우회적인 방법이기는 합니다. 메타 값을 삭제하는 방법은 "포토스케이프 X" 프로그램을 통해서 간단하게 작업하실 수 있으며 아래에서 한 번 더 알려드리겠습니다.

③ 저품질 가능성이 훌쩍 높아지는 단어 리스트

여러 번 강조하지만 네이버는 검증된 정보에 대한 콘텐츠를 높게 평가합니다. 그리고 유저로 하여금 오해를 불러일으킬 수 있는 애매모호한 기준이 적용되는 콘텐츠는 미심쩍어 합니다.

다이어트, 맛집 등의 키워드는 개개인의 기준에 따라서 결과가 극명하게 갈릴 수 있기 때문에 주의해야 합니다. 그 외에 병원, 효능 등의 추천도 개개인에 따라 심각한 부작용이 야기될 수 있으므로 사용하지 마세요! 블로거인 저도 다이어트 한의원 체험단 글로 저품질의 나락에 빠졌던 경험이 있습니다.

☞ 하지 마세요   보험, 마사지, 문신, 병원, 맛집, 미용실, 효능 효과, 영양제, 다이어트, 도박, 이미테이션, 의료기기, 개인 정보, 이사, 청소, 타투, 법률, 태아보험, 자녀 보험, 어린이보험, 실비보험, 피부과, 치과, 클리닉, 포장이사, 용달이사, 이사, 건강식품, 크릴 오일, 오메가3, 알약, 영양제 등

☞ 노하우 방출   성분=원재료, 효과=사용해 보니 괜찮더라 등 대체해서 사용하시면 됩니다.

④ 남의 이야기 말고 내 이야기를 쓰자

콘텐츠의 방향성이 홍보에만 주력하는 상업성 포스팅이 많은 경우에는 상위 노출에서 밀릴 가능성이 높아집니다. 특히 직접 체험하지 않은 사진과 원고를 받아서 올리는 기자단과 같은 형태의 콘텐츠는 상당히 위험합니다.

⑤ 네이버를 혼란스럽게 하면 벌받아요

　자신의 사업을 알리고자 하는 분들이 흔히 하는 실수입니다. 아마도 자신이 올리려는 주제가 명확하기 때문에 노출하고자 하는 키워드가 정해져 있으시겠지요. 하지만 똑같은 키워드들이 매 포스팅에서 반복된다면 네이버에서는 이거나 저거나 어차피 같은 광고 목적만을 바라는 홍보성 키워드로 인식해서 노출 순위를 아래로 내려버리게 됩니다.

　해당 키워드로 상위에 노출이 되었다고 하더라도 요즘 네이버에서는 같은 블로그의 글은 묶어서 노출시키고 있기 때문에 어차피 모든 글이 노출이 되지 않습니다. 같은 주제에서도 검색하는 방법에 따라 다양한 키워드가 나올 수 있습니다. 포스팅에 모든 키워드를 넣으려고 노력하지 마세요. 주제가 "블로그 체험단"이라면, 블로그 체험단 사이트, 맛집 블로그 체험단, 블로그 체험단 모집 등 다양한 키워드가 파생될 수 있습니다.

　☞ 노하우 방출 한번 상위에 올라갔다가 떨어졌다면 해당 키워드로 상위에 노출될 수 있는 확률이 높아지므로 다시 한번 작성을 해보시면 됩니다.

⑥ 외부 링크를 넣어도 될까?

　수익화 블로그라면 우선 외부로의 유입을 위한 링크 삽입을 요청 받는 일이 많을 것입니다. 하지만 외부로의 유입을 유도하는 것은 네이버에서 크게 좋아하지 않는 일입니다. 가능하면 외부 링크 삽입을 지양하는 것이 좋지만 피치 못할 경우라면 첫 번째 댓글에서 확인을 해달라고 마무리를 하고 댓글에 외부 링크를 걸어두는 것도 하나의 방법입니다.

⑦ 체험단 글과 일상 글의 비중은?

　새로운 소재의 확보를 위해 체험단 참여는 필수입니다. 하지만 요즘 광고의 성격이 짙은 포스팅의 비중이 높으면 저품질 위험이 있다는 카더라 통신이 참 많습니다. 아직 지수가 미처 쌓이지 않은 초보 본인에게는 체험단과 실제 경험치 비중을 30:70 정도로 운영하실 것을 권장합니다.

　부족한 소재에 대한 공급을 체험단으로 충족하되 대부분의 콘텐츠는 개인적인 경험을 바탕으로 한 소재를 활용하여 지수를 쌓아가는 것이 매우 중요합니다. 그렇기 때문에 블로그의 메인 주제를 어느 정도 콘텐츠 수급이 가능한 자신 있는 카테고리에서 선택하실 것을 권장한 바 있습니다.

Section 7. 중요한 것은 효자 포스팅

블로그를 운영하다 보면 모든 포스팅에 고르게 유입 자의 수가 배분되지 않는다는 것을 알게 되실 겁니다. 실제로 내 블로그로 유입을 끌어주는 몇 개의 포스트가 눈에 띄실 거예요. 보통 일 방문자수가 2,000명 정도라면 그 중에 60% 이상은 3~5개 정도의 포스팅을 통해 유입이 되며 본인은 그러한 효자 포스팅의 개수를 늘려 주셔야 합니다.

이때 많은 분들이 하는 실수가 동일한 키워드를 사용해서 추가적인 유입을 받으려고 노력하시는 건데 현재 네이버에서는 동일한 키워드의 경우 묶음 형태로 노출을 시켜주고 있습니다. 새로운 포스팅이 상위에 노출이 된다면 기존의 포스팅이 묶음 형태로 하위 노출이 된다는 의미입니다.

대신 한번 상위 노출 되었던 포스팅이 내려갈 경우 동일 키워드로 작성하시면 그만큼 상위에 뜰 수 있는 확률이 높아지는 것은 확인 되었습니다.

① 블로그 초반 운영 목적은 무엇이어야 할까?

초반에는 너무 큰 욕심을 가지면 빨리 지칠 수가 있습니다. 본인의 블로그 지수가 쌓여가는 것을 단적으로 확인할 수 있는 것이 바로 유효 키워드 입니다. 유효 키워드란 PC 영역에서 10위권 내에 노출되는 포스팅의 키워드 다시 말해 상위노출 되고있는 키워드를 의미합니다. 초반에는 이러한 유효 키워드가 하나씩 늘어가는 것을 목표로 삼는 것이 가장 좋습니다.

블로그를 개설하고 90일이 지나면 블로그 방문자들의 클릭으로 수익금이 누적되는 애드 포스트 가입이 가능해집니다. 어느정도 상위 노출이 되는 키워드가 쌓였다면 애드 포스트를 신청해서 자신의 블로그에 수익화 모델을 적용할 수 있습니다. 다만 수익은 굉장히 미미한 정도이며 방문자수가 5천명 정도 되면 월

기준 약 20만원 정도의 수익이 발행하게 됩니다 (블로그 주제에 따라 천차만별)

 블로그를 통한 수익화 모델로는 쿠팡 파트너스가 유명하지만 현재 초보 블로그에 해당 링크가 삽입되면 네이버 노출 자체가 제한되는 경우가 있으니 지양하시는 것이 좋습니다.

☞ 참고 하세요　링크를 삭제하면 제한되었던 포스팅이 다시 노출되니 너무 걱정하지 마세요.

② 검색 된 유효 키워드를 확인하는 방법
– 블로그 차트 (http://www.blogchart.co.kr/)

 유효 키워드라는 것은 내 포스팅 중에 PC 기준으로 10위 안에 노출되고 있는 키워드이기 때문에 조회가 많은 키워드일 경우에는 글 하나로도 엄청나게 많은 유입을 기대할 수 있습니다. 이러한 유효 키워드는 블로그 차트를 통해서 확인할 수 있습니다.
 블로그 차트에 로그인하시면 매주 나의 블로그 순위와 카테고리 순위, 유효 키워드의 상승 추이를 확인할 수 있는데, 본인의 블로그의 지수를 높여주는 지표이고 이 유효 키워드를 잘 찾아내면 많은 방문자의 유입을 받을 수가 있습니다. 다만 블로그 지수는 유효 키워드가 전부가 아니기 때문에 지난주보다 유효 키워드의 개수가 떨어졌다고 너무 걱정을 하지는 않아도 괜찮습니다.

③ 수익화 블로그에서 이것만큼은 하지 말아라
 네이버 블로그를 개설하고 90일이 지나면 애드 포스트 신청이 가능합니다. 하나의 명의로 네이버에서 최대 5개까지 블로그를 개설할 수 있지만 애드 포스트와 연결은 한 개의 블로그만 가능하기 때문에 방문자 수를 집중시키고자

하는 블로그와 연결하십시오.

 어느 정도 수익이 나는 경우 요즘 수익 인증이라는 제목으로 포스팅을 하는 분들이 늘어나고 있습니다. 네이버에서 명시하고 있는 기준에 따르면 애드 포스트 합산 수익을 공개하는 것은 가능하지만 노출 수, 클릭 수, 등의 내용을 공개하는 것을 불가합니다. 네이버에서 공지한 다음 내용을 참고해주세요.

4) 서비스의 기밀정보를 공개하는 행위
– 애드포스트에서 제공하는 리포트 또는 통계내용 중 기밀정보를 공개하는 행위
 – 공개가능 정보: 일 수입 및 누적수입, 지급수입 등 수입정보(그래프 포함), 호출 수
 – 공개불가 정보: 노출수, 클릭수, 클릭률(CTR) 및 관련 그래프, 노출율

 아무래도 과금 로직에 대해 노출이 되면 악용하는 사람들이 나타날 것으로 예상하기 때문이겠지만 제 경험상 말씀드리면 건강식품, IT, 자동차 등 광고비용이 비싼 카테고리의 포스팅에서 비교적 높은 수익이 나는 것으로 확인됩니다.

Section 8. 16년 차 블로거의 꿀팁 대방출

① 동일한 이미지로 유사 문서 안 걸리기

네이버에서는 동일한 이미지가 반복적으로 노출되는 경우 광고성 유사 문서로 간주하여 상위 노출에서 누락시키는 경향이 있다는 것은 이미 여러 번 말씀드렸습니다.

이는 각 이미지 마다 고유의 값이 있기 때문인데 이를 메타 값이라고 합니다. 다시 말해서 메타 값이 다르다면 같은 문서로 인식되지 않을 수 있습니다.

본인이 스스로 찍은 사진이라면 상관이 없지만 어딘가에서 다운을 받은 사진이라면 꼭 메타 값을 삭제한 후에 블로그에 업로드하십시오. 포토스케이프 X라는 무료 프로그램을 사용하면 쉽게 사진의 메타 값을 삭제하고 새로운 사진처럼 사용할 수 있습니다.

☞ 노하우 방출   포토스케이프 X 프로그램 설치 후에 원하는 사진을 불러온 후 저장을 누르십시오. 〈메타데이터 정보를 보존합니다〉 박스의 체크를 없앤 후에 저장해 주시면 메타 값이 제거된 새로운 사진이 됩니다. 다만 다운로드한 사진의 경우 라이선스를 확인하시는 것 잊지 마세요!

② 무료 툴로 나만을 위한 최적의 키워드 찾기

제가 블로그를 운영하면서 가장 큰 도움을 받고 있는 블랙키위 사이트입니다. 사용은 무료이며 나의 블로그에 올려도 되는 키워드인지를 우선적으로 분별해 주는 고마운 사이트입니다 (정책이 바뀌어서 이제는 비로그인 상태에서는 1분에 한 개의 키워드 밖에 검색이 안되더라고요)

블로거들 사이에서 꿀키워드라는 것은 조회 수가 높지만 현재 네이버에 누적된 콘텐츠의 수가 낮은 키워드를 이야기합니다. 블랙 키위 사이트에서 보면 콘텐츠의 포화 지수가 낮은 키워드를 의미하죠. "청약 가점 계산기" 키워드의 경우 월 단위 총 조회 수는 근 6만 건에 달하지만 네이버에 노출되는 콘텐츠는 84개가 다입니다. 그만큼 상위에 노출될 수 있는 기회가 높다는 의미이고 본인은 이러한 키워드들을 많이 찾아야 합니다.

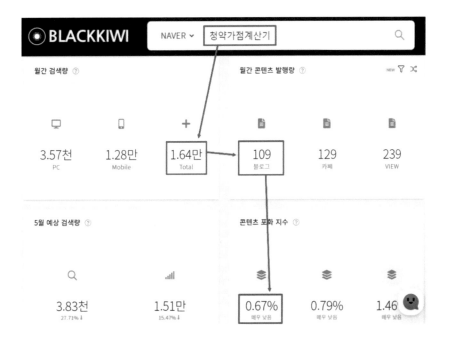

그런데 여기에서 끝이 아닙니다! 이러한 키워드를 찾았더라도 포스팅의 소재로 사용할지 여부에 대해서는 한 번의 과정을 더 거쳐야 합니다.

좀 전의 창에서 섹션 분석 탭으로 넘어가 보았습니다. 해당 탭에서는 "청약 가점 계산기"라는 키워드 검색 시 PC와 모바일에서 노출되는 영역과 개수가 나와있습니다. PC의 경우 블로그가 가장 먼저 노출되고, 모바일에서는 2번째로 노출이 됩니다 (VIEW는 네이버에서 검색 시 블로그와 포스트, 카페를 합쳐서 노출되는 형태입니다)

☞ 노하우 방출 조회하는 사람의 수가 많은데 아직 누적된 포스팅의 개수는 적습니다. 게다가 모바일로 검색했을 때 2번째 탭에 노출될 수 있다면 이 키워드는 블로그 포스팅 소재로 아주 좋은 꿀키워드로 분류할 수 있습니다. 만일 본인이 포스트를 운영 중이라면 이 키워드는 PC에서 5번째로 노출되기 때문에 좋은 키워드가 아닐 수 있지요.

③ 내 블로그 지수에 딱 맞는 키워드의 기준
사람들이 많이 검색하는 키워드를 적어서 상위에 노출이 되면 많은 사람들이 본인의 블로그에 들어올 것입니다. 하지만 그러한 키워드 들은 경쟁률이 치열해서 이미 나보다 블로그 지수가 높은 파워 블로거들이 많은 콘텐츠들을 생성하고

있습니다. 먼저 자신의 블로그 지수에 맞는 키워드를 찾아 작성함으로써 적은 수의 방문자들을 유입시켜 늘려가는 전략이 필요합니다.

우선적으로 본인이 포스팅하고자 하는 주제와 연관된 키워드 들을 찾아야 합니다. 네이버 키워드 광고 (https://searchad.naver.com/) 에서 수집해 보겠습니다.

– 키워드 광고 로그인 ▶ 광고 시스템 ▶ 도구 ▶ 키워드 도구

메인 주제 키워드를 넣고 조회하면 연관된 키워드들이 최소 500개~1,000개까지 노출됩니다. 이 파일을 다운로드하시면 아래와 같은 파일을 확보하실 수 있습니다. 월간 검색수(모바일) 수치를 내림차순으로 정렬하십시오.

연관키워드	월간검색수(PC)	월간검색수(모바일)
기미없애는법	3,070	37,100
아이소이잡티세럼	3,180	34,800
기미패치	2,210	30,400
기미	4,350	24,900
기미크림	2,700	24,200
세럼	4,350	22,100
앰플	4,540	21,800
아스타잔틴	3,870	15,000
피부하얘지는법	1,430	10,900
수분앰플	740	10,600
미백앰플	1,000	10,500
기미잡티제거	800	8,720

이제 월 단위 검색이 많이 되는 키워드를 얻었습니다. 이제 막 블로그를 시작하신 분들은 월간 검색수(모바일) 기준 1,000 이상은 우선 숨김 처리해 주세요. 키워드 검색 양을 기준으로 포스팅하면서 내 블로그 지수에서 안정적으로 노출되는 검색 양의 기준을 찾아가는 단계입니다.

연관키워드	월간검색수(PC)	월간검색수(모바일)
엄마생신선물	740	2,540
에센스세럼	200	2,510
수분에센스	340	2,490
비타민씨앰플	150	2,430
세럼추천	490	2,420
키엘비타민C에센스	150	2,410
AHC앰플	190	2,360
바르는비타민C	220	2,320
장모님생신선물	460	2,280
비타민씨효능	120	2,180
눈밑기미	200	2,180
비폴렌	350	2,150

1,000건 미만의 키워드들이 상위에 안정적으로 노출이 되기 시작한다면 그

다음에는 ~2,000건, ~5,000건, ~10,000건으로 테스트해보십시오.

④ 이웃을 찾는 가장 쉬운 방법

최근 들어서 블로그를 통해서 수익을 내고자 하는 분들이 부쩍 늘어났습니다. 그러다 보니 같은 목적을 가진 사람들이 모인 커뮤니티가 많이 생겨나고 있지요.

 블로그 운영을 위해서 이웃과의 소통과 교류는 필수입니다. 저는 이러한 목적성을 가진 커뮤니티를 찾을 때 카카오 오픈 채팅을 주로 이용합니다.

☞노하우 방출 카카오 오픈채팅에서 "블로그 품앗이"를 검색하면 다양한 오픈 채팅 방이 검색되실 겁니다. 아마 방 이름에 하루에 공유할 수 있는 콘텐츠의 수량이 표기되어 있을 텐데 대부분 하루 1~2개의 포스팅을 공유할 수 있습니다. 이러한 커뮤니티를 적극적으로 이용하는 것도 좋은 경험이 될 수 있습니다.

⑤ 콘텐츠 수정 없이 체류시간 늘리기

한 개의 포스팅에 넣을 수 있는 콘텐츠의 양은 한정적일 수밖에 없습니다. 본인은 하나의 포스팅을 위해 최소 15장의 사진과 1500자 정도의 텍스트를 준비했을 겁니다. 그럼 동일한 양의 콘텐츠로 좀 더 포스트의 양을 길게 만들어서 유저의 체류시간을 늘릴 수 있습니다.

제가 가장 효과를 보았던 방법을 소개하겠습니다. 이전에는 다양한 정보들을 빠르게 보여주고 싶어서 사진을 겹쳐서 업로드를 했습니다. 그러니 모바일에서의 가독성이 매우 떨어지고 제공하는 정보의 양은 동일한데 체류 시간이 낮아지더군요.

☞ 노하우 방출 | 큼직하게 사진을 하나씩 지정하고 그 다음에 텍스트를 3~4줄 정도 적었습니다. 전체적인 포스팅의 길이가 길어지면서 유저들의 체류 시간이 1.5배 정도 상승되는 효과를 얻었습니다.

⑥ 방문자 수 70명으로 체험단 선정 된 노하우

처음 블로그를 시작하고 한 달 정도 꾸준하게 하루 3포스팅을 했습니다. 키워드라는 것의 개념도 모른 상태에서 한 달을 운영했더니 방문자 수가 70명이 되더군요. 체험단 참여가 전무했기 때문에 당시 막연하게 맛집 체험단을 신청했지만 번번이 탈락되었습니다. 그래서 한 가지 전략을 세웠는데 그것은 비인기 지역의 방문 체험단을 신청하는 것이었습니다.

당시만 해도 강서구와 강북구 등 서울의 중심에서 조금 벗어난 지역의 맛집 체험단은 지원자가 많지 않았기에 해당 지역을 중심으로 신청했고 서서히 당첨이 되더라고요. 그러던 와중에 동네에 데이트하기에 딱 좋은 예쁜 카페 체험단에 당첨이 되어 후기를 작성했는데 이 포스팅을 통해서 방문자 수가 갑자기 150명으로 띄더라고요.

네이버는 월과 요일로 나뉘어서 검색량이 띄는 키워드의 카테고리가 있습니다. 휴가 시즌이면 아이들과 함께 가볼 만한 여행지, 그리고 주말이 다가오면 데이트 장소에 대한 검색량이 늘어나지요.

본인이 시기에 따라 검색하는 키워드의 흐름을 파악하신 후 적정 시기에 포스팅을 한다면 분명 방문자 수는 올라갑니다.

⑦ 첫 방문 체험단 당첨! 어떻게 준비하지?

당첨을 기원하며 체험단을 신청했지만 막상 처음 당첨이 되면 떨리게 마련입니다. 무료 제공을 받는 것에서 오는 약간의 미안함과 더불어서 떨림, 능숙해 보이고자 하는 부담 등이 복잡 미묘하게 섞이기 마련이지요.

당첨된 업체에 대한 기존 블로거들의 후기 글을 먼저 찾아보면서 어떤 사진을 찍어야 하고, 어떻게 강조해야 하는지를 미리 숙지하고 가면 한결 안정적으로 대응을 할 수 있습니다.

맛집의 경우 입장 전에는 대게 외관 (간판, 입구 부분, 영업시간, 외부 현수막이나 엑스 배너, 주차장 정보 등)을 찍으면 됩니다. 입장 후에는 내부 분위기, 디테일한 부분, 메뉴판을 찍고, 이후 음식이 나오면 최초의 서빙된 상태의 사진과 음식의 디테일 컷을 찍어줍니다. 다음으로 먹는 중간에 한두 번 정도 숟가락이나 젓가락으로 집어서 확대해서 찍은 후 맛있게 먹어주면 됩니다.

본인의 방문 이전에도 이미 많은 분들이 작성해둔 좋은 예시들이 있기에 기존 글을 어느 정도 확인하면서 구도 등을 미리 시뮬레이션 해보고 다시면 즐거운 체험이 가능하실 것입니다.

⑧ 내 글이 보이지 않는다=저품질일까?

블로그를 운영하다 보면 어느 날 갑자기 네이버에서 자체 점검 예정이라 일정 시간 동안 블로그에 글 쓰는 것이 제한될 것이란 공지가 뜨곤 합니다. 네이버는 해당 점검을 통해 자신들이 적용한 로직을 분석하고 잘못된 것은 수정하거나 추가하는 등의 업무를 진행합니다.

다시 말해서 해당 점검이 끝난 후에 나의 글이 갑자기 상위에 노출이 되거나 갑자기 잘 노출되던 글들이 안 보일 수도 있게 된다는 것이지요. 만일 본인이 포스팅을 업로드했는데 네이버에서 노출이 되지 않는다면 우선 2시간 정도를 기다려보세요. 이후에도 노출이 되지 않는다면 덜컥 저품질이 된 것인지를 의심하면서 멘붕에 빠지는 분들이 있을 텐데 블로그 검색 반영을 통해서 누락 신청을 할 수 있습니다. 네이버에서 블로그 검색 반영 ▶ 원본 반영 클릭하신 다음 내용을 기입하고 접수하시면 됩니다. 대부분의 경우 누락된 포스팅이 노출되기까지는 이틀 정도 소요가 됩니다.

⑨ 포스팅 누락 여부를 확인하는 애플리케이션

여러 번 강조했듯이 네이버에서 방문자 수를 많이 끌어오려면 모바일 영역에서의 노출이 절대적으로 중요합니다. 모바일에서는 블로그와 카페, 포스트 등을 모두 합쳐서 뷰탭 이라고 명시되는데, 이 뷰 탭 내에 노출이 되어야 방문자 유입 수가 높아지게 되며 이를 확인할 수 있는 앱이 있습니다.

☞ 따라 하세요 │ 구글 플레이에서 n 뷰 탭 앱을 다운로드하면 됩니다. 본인의 아이디와 키워드를 입력하면 뷰탭과 블로그 탭 내 나의 포스팅이 노출된 순위를 한 번에 확인할 수 있습니다. 그 외에도 현재 네이버에 노출되고 있는 문서의 수와 조회 수도 확인할 수가 있고요. 본인의 포스팅이 뷰탭에 노출이 되고 있는지를 빠르게 확인할 수 있는 방법입니다. 다만 아직은 안드로이드만 지원하고 아이폰을 사용할 수 없으니 참고해 주세요.

⑩ 잘 되는 블로그 제대로 벤치마킹하기

블로그를 잘 운영하기 위해서는 잘 되는 블로그를 벤치마킹하는 것이 필수입니다. 그럼 좀 더 효율적으로 벤치마킹을 할 수 있는 방법을 찾아보면 좋겠지요. 먼저 본인이 선택하신 메인 키워드를 모바일에서 검색하십시오. 그럼 VIEW 탭에서 상위에 노출되는 포스팅을 클릭하시고 다음의 내용을 정리해 보십시오.

– 평균 이미지 개수 | 평균 글자 수 | 동영상 삽입 여부 | 키워드 반복 횟수

☞ 따라 하세요 │ 해당 키워드를 사용해서 작성하는 포스팅에 이미지의 개수와 글자 수 그리고 동영상의 삽입 여부와 키워드의 반복 횟수를 참고해서 작성해 보십시오. 네이버에서 현재 상위에 노출되어 있는 콘텐츠는 이미 네이버에서 해당 키워드에 대한 양질의 포스트의 기준으로 설정되어 있다는 의미이기도 합니다. 더불어서 해당 포스트의 댓글과 공감 등의 개수를 확인하신 다음 커뮤니티 등을 통해서 해당 수량을 목표로 잡으시는 것도 좋습니다.

⑪ 상위 노출 블로그 포스팅 제대로 분석하기

- 키자드 (https://keyzard.org/)

 키자드 사이트의 키워드 분석기를 사용하면 내가 작성하고자 하는 메인 키워드의 현황을 한눈에 확인할 수 있습니다. 키자드 사이트 접속 ▶ 키워드 분석기 창에서 원하는 메인 키워드를 입력하십시오.

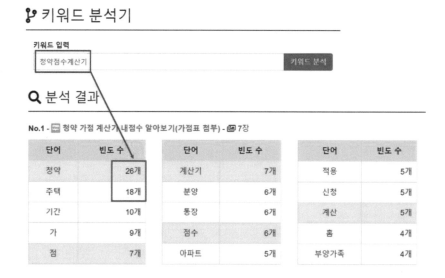

 만일 "청약 가점 계산기" 키워드로 검색을 하면 현재 상위에 노출이 되어있는 포스팅 10개의 키워드 별 반복 횟수와 이미지 개수 등을 한눈에 확인할 수 있습니다. 모든 포스팅을 모두 들어가서 카운트하고 정리하는 시간을 단축시킬 수 있습니다.

⑫ 첫 문장 제대로 작성하기

 프로젝트도 포스팅도 첫 시작이 매우 중요합니다. 유저가 유입된 후 글을 계속 읽을지를 결정하는 것도 있지만 블로그에서는 로직상으로도 중요하죠. 네이버는 별도로 로직을 공개하지 않고 있지만 잘 되는 블로그들을 벤치마킹하다 보면 메인 키워드와 서브 키워드가 첫 문단에 노출되는 경우가 많다는 것을 캐치하셨을 겁니다. 한때 상위 다섯 줄 이내에 키워드가 몇 번 들어가야 한다는 이야기가 있었지만 지금은 굳이 그렇게 작성하지 않아도 괜찮습니다.

☞ 따라 하세요   메인 키워드와 서브 키워드가 들어간 자연스러운 문맥을 만들어주세요. 키워드는 각 1번씩만 들어가면 충분합니다.

⑭ 블테기를 극복하는 가장 효과적인 방법

하루에 하나의 포스팅을 꾸준히 하는 것은 상당히 어려운 일입니다. 그런데 노력하는 만큼 빠르게 방문자 수가 늘어나지 않으면 굉장히 지칠 수가 있지요. 이 단계를 블테기라고 표현하는 분들이 많은데 블테기를 탈출할 수 있는 가장 빠른 방법은 블로그의 수익화 혹은 실검 활용 방문자 수 뻥튀기입니다.

같은 시간 노력해서 어느 정도의 수익이 나오면 덜 억울 하므로 수익형 블로그로 만들기 위한 방법을 찾아보는 것이 좋겠지요. 수익 화를 위한 모델은 네이버 자체 애드 포스트를 비롯해서 체험단이 있습니다.

실검을 활용한 방문자 수의 뻥튀기는 사실 그렇게 추천하지 않는 방법입니다. 하지만 현재 블로그 자체에 대한 지루함이 있다면 한 번 정도 방문자 수가 터지는 것을 보는 것도 하나의 동기 부여가 될 수 있습니다.

⑮ 방문자 수를 뻥 튀겨줄 실검 키워드

실검 키워드는 의외로 쉬운 곳에서 찾을 수 있습니다. 평소 본인의 검색 패턴을 점검해 보시면 답을 찾으실 수 있는데 만일 오늘 MBC 나 혼자** 등에 어떤 연예인이 출연하면 곧   그 연예인과 관련된 나이, 출신, 사진, 결혼 여부 등이 검색어에 올라오는 것을 확인하실 수 있을 겁니다. 예능 프로그램의 경우 다음 출연진에 대한 정보를 전 주에 미리 알려주면서 기대감을 고조시키므로 해당 연예인에 대한 정보를 찾아 미리 블로그에 포스팅 해두시면 해당 시간에 방문자 수가 급격하게 늘어날 수 있습니다.

☞ 노하우 방출 │ 그 외에 OCN 등에 들어가면 방영 예정 영화들의 리스트가 있습니다. 미리 해당 영화에 대한 줄거리, 결말, 스포일러 등을 적어두면 해당 영화가 방영되는 시간 동안 폭발적으로 방문자 수가 상승하는 것을 확인하실 수 있습니다.

네이버에서는 실시간으로 검색량이 높아지는 키워드는 검색 결과를 실시간 콘텐츠가 노출되는 로직으로 변경하게 됩니다. 그렇기 때문에 최근 업데이트된 콘텐츠부터 실시간으로 보이게 되는 것이지요. 이 부분에서는 지수가 크게 상관이 없어지므로 초보 블로거분들께서 한 번쯤 노려볼 수 있습니다.

참고로 네이버에서 포스팅에 검색에 반영되기 까지는 평균 2~3시간이 걸립니다. 그러므로 실검이 예상되는 키워드에 대한 글을 작성할 때는 방송시간 최소 2~3시간 전에 글을 작성하는 것이 좋습니다.

☞ 주의하세요 │ 하지만 방문자 수가 급격하게 늘어났다가 줄어드는 현상이 자주 나타나는 경우에는 해당 블로그를 상업성으로 분류해서 저품질 위험이 높아지니 남발하는 것은 안됩니다.

Chapter 3 |
부록 – 블로거를 위한 국내 체험단

레뷰 https://www.revu.net/
쉬즈블로그 https://blog.naver.com/blognara_
리뷰플레이스 https://www.reviewplace.co.kr/
에코블로그 https://echoblog.net/
오마이블로그 http://ohmyblog.co.kr/
퍼그샵 https://pugshop.co.kr/
티블 https://www.tble.kr/
블로그원정대 https://blog.naver.com/ajw4151
스토리엔 체험단 https://www.storyn.kr/
링블 https://www.ringble.co.kr/
리뷰쉐어 https://reviewshare.io/
리뷰윙 https://www.reviewwing.co.kr/

마무리하며

제가 블로그를 운영하면서 느낀 것은 성공의 높이를 너무 높게 잡을 필요가 없다는 것입니다. 하루를 변화시키는 아주 작은 성공들이 쌓여서 목표를 달성하게 되니까요. 다만, 제대로 된 방향을 정하고 나아가야 합니다. 저는 블로그를 통해 저만의 길을 걸을 수 있는 용기를 얻었습니다. 도전을 위해 이 책을 읽고 계신 당신의 시작을 응원합니다.